here me
成瀬心美

staff

Photographer	小松 陽祐 (ODD JOB)
Stylist	熊澤 さなえ
Hair & Make-up	太田 順子
Designer	ririko
Producer	斉藤 弘光 (TRANSWORLD JAPAN)
Editor	RAIRA(TRANSWORLD JAPAN)
Sales	原田 聖也 (TRANSWORLD JAPAN)
衣装デザイン・製作	石原 睦美
アクセサリーデザイン・製作	巻 智子

撮影協力
株式会社ウエルネスボーテ
株式会社プリシラ
株式会社 SBY

衣装協力
パイユドール (Baraironoboushi)
(03-3498-8005 http://www.baraironoboushi.com/)

2019 年 8 月 25 日　初版第 1 刷発行
発行者　　佐野 裕
発行所　　トランスワールドジャパン株式会社
　　　　　〒 150-0001 東京都渋谷区神宮前 6-34-15 モンターナビル
　　　　　Tel：03-5778-8599 Fax：03-5778-8743
印刷・製本　日経印刷株式会社

○定価はカバーに表示されています。
○本書の全部または一部を、著作権法で認められた範囲を超えて無断で複写、複製、転載、あるいはデジタル化を禁じます。
○乱丁・落丁本は子社送料負担にてお取り替えいたします。

Printed in Japan ISBN 978-4-86256-264-7
©Cocomi Naruse ,Transworld Japan Inc.2019